CORPS LÉGISLA

CONSEIL DES CINQ-CENTS.

OPINION

DE CREUZÉ-LATOUCHE,

Sur le second projet de la commission concernant les fêtes décadaires & la célébration des mariages.

Séance du premier thermidor an 6.

CITOYENS LÉGISLATEURS,

JE ne crois pas que le Conseil ait trouvé quelque poids dans les objections qui ont été faites contre le second article du deuxième projet, où l'on propose l'envoi d'un bulletin décadaire à chaque adminiſtration de la République.

Je conçois comment, ſans affecter de répéter des faits déja connus, on peut réſumer en peu de lignes, à la fin de chaque décade, les affaires générales de la République, & rendre cette récapitulation ſommaire auſſi piquante par ſon intérêt, qu'avantageuſe aux progrès de l'eſprit public. Nous avons déja une ſorte de modèle en ce genre, qui prouve du moins la poſſibilité d'une pareille entrepriſe : je veux parler de la *Décade philoſophique*, où, à la fin d'un cahier de matières très-diverſes, les rédacteurs ſavent réduire en peu de mots le dernier état des principales affaires de la République, tant dans l'intérieur qu'à l'extérieur. Il me ſemble qu'on peut très-bien conſacrer un travail à peu près ſemblable à l'inſtruction des citoyens, en le reſtreignant dans les bornes que l'attention la plus ordinaire peut exiger. Mais ce moyen me paroît devoir être très-utile pour accoutumer tant d'individus qui ne connoiſſent que leurs localités, à élever un peu leurs regards au-deſſus de la ſphère de leurs intérêts perſonnels, afin de les étendre ſur le grand enſemble de la choſe publique.

On ſent bien qu'il ne doit être queſtion dans ce cas ni de peſantes diſſertations, ni de récits haſardés de nouvelliſtes, ni d'anecdotes calomnieuſes, ni de déclamations paſſionnées ; mais il s'agit de retirer ſur-tout les habitans de nos campagnes, de l'apathie & de l'engourdiſſement où les retiennent, ſoit le défaut de communications inſtructives, ſoit les propos abſurdes & menſongers dont la perverſité ou l'ignorance les rendent ſi fréquemment le jouet. Il s'agit de les rapprocher, pour ainſi dire, de leur patrie, & de les y attacher en les entretenant ſouvent d'elle. Or ſi l'on ne ſe méprend point ſur ce que vous propoſe la commiſſion dans cet article ; ſi l'on ne s'efforce pas d'y voir des difficultés ou des ſuperfluités qui n'y ſont pas, je penſe que l'on s'empreſſera de conſacrer une inſtitution auſſi desirée des amis du peuple, que les avantages en doivent être sensibles, & qu'elle est obligatoire, dans notre systême politique, pour les législateurs.

Une seconde partie du bulletin décadaire, qui *fera connoître les traits de bravoure, & les actions propres à inspirer le civisme & la vertu*, n'a éprouvé aucune objection, & je ne l'en crois pas susceptible.

Mais celui de nos collègues qui, dans l'article de ce bulletin décadaire consacré à quelques notices sur l'état des sciences & des arts, a cru voir un cours de leçons abstraites & de démonstrations scientifiques incompatibles avec l'agitation d'une fête, me paroît s'être mépris sur l'objet de cette disposition.

Rien ne seroit vraiment plus déplacé que de longues dissertations & des préceptes théoriques au milieu d'un tel concours. Mais il y a fort loin entre des traités en forme, ou même des expositions dogmatiques quelconques, & de simples annonces de découvertes, ou de méthodes nouvelles employées dans les arts, telles qu'on en a vu quelquefois dans d'utiles almanachs, où ces annonces fournissoient seulement une lecture agréable de quelques courts instans.

Supposez donc qu'à la suite d'une page ou deux consacrées à des traits de divers genres, il s'en trouve une dans le bulletin décadaire, dans laquelle on annonce sommairement un brevet du gouvernement pour une nouvelle invention, l'établissement d'une nouvelle fabrication, l'usage nouvellement pratiqué d'une irrigation à la manière cisalpine, une construction de moulin plus avantageuse, l'adoption de quelque procédé d'agriculture, qui accélère & simplifie une opération quelconque; vous concevrez aisément l'heureuse fermentation que ces simples avis pourront produire subitement ou peu à peu dans quelques têtes; vous sentirez l'intérêt que de tels sujets pourront ajouter à quelques conversations ; les questions, les recherches ultérieures, les comparaisons & les méditations qui en pourront résulter ; & vous serez convaincus que, n'y eût-il qu'un individu sur trois mille, dont ces annonces pourroient de temps en temps éveiller l'attention & occuper l'activité, de telles semences ne seroient nullement jetées sur la pierre.

Dans la multitude des humains il s'en trouve toujours quelques-uns spécialement doués d'un esprit actif & inventeur, qui n'ont besoin que d'être mis sur la voie par un mot analogue à leurs inclinations & à leurs dispositions, pour perfectionner ce qu'ils ont coutume de faire, ou arriver à des effets auxquels ils ne seroient jamais parvenus sans ces sortes de hasards. Les seules citations des inventions & des inventeurs multiplient les inventions & les inventeurs, comme les récits des grandes actions font naître les grands hommes en tout genre. C'est donc une attention digne de la plus louable politique & des plus sages gouvernemens, que de multiplier les chances qui peuvent donner d'aussi desirables productions.

Mais s'il faut se restreindre dans ces simples annonces, comme le propose l'article, par la raison qu'une assemblée de tout âge & de tout sexe, & réunie par le seul attrait du plaisir, seroit peu disposée pour de plus amples instructions, il le faut encore pour ne pas s'égarer dans des projets inexécutables, ou qui, quand ils seroient possibles, appartiendroient à d'autres institutions, sans produire d'objection solide contre celle-ci. D'ailleurs, j'ignore absolument comment on pourroit réaliser l'idée gigantesque de placer des professeurs des arts dans toutes les campagnes ; & je craindrois surtout, pour des professeurs formels d'agriculture, que leurs auditeurs ne fussent le plus souvent en droit de ne les pas écouter.

C'est aussi pour ne pas voir tomber le projet, selon moi

si utile, de célébrer les mariages les jours de décadi, que je vais opposer quelques réflexions à ceux qui trouvant ce projet trop incomplet, voudroient le voir placé dans un plus grand cadre, & chargé dès aujourd'hui de tous les accessoires qu'une plus grande réunion de moyens pourra seule permettre d'y ajouter.

Je me représente le but où doivent tendre nos institutions républicaines, comme un centre où l'on arrive de toutes les parties d'une vaste circonférence. Cette circonférence est le code total de nos lois, dont les divers titres formant des pièces distinctes & très-différentes entre elles, admettent cependant des dispositions qui se reportent & se dirigent d'une manière plus ou moins sensible vers le centre commun.

Ainsi, par exemple, une institution qui doit honorer le travail, prémunir l'homme contre la mauvaise fortune, & mettre plus spécialement tous les citoyens sous le niveau de l'égalité, est celle qui astreint tous les jeunes gens à savoir une profession mécanique. Cette loi a sa place dans l'acte constitutionel, au titre de *l'état politique des citoyens.*

L'équité naturelle, & la nécessité de maintenir une plus grande union entre les familles, exigeoient une égalité parfaite dans les partages; mais toutes les lois faites ou à faire sur ce sujet, qui rentrent dans nos institutions républicaines, appartiennent au titre des successions.

Il falloit consacrer dans la date de tous les actes publics, l'époque où la République a été proclamée; en s'occupant de cet objet, on s'est apperçu des vices choquans de l'ancien calendrier, on a vu sur-tout qu'en nous retenant sous le joug des superstitions romaines, cette institution formoit un des plus grands obstacles aux progrès des lumières, & à notre régénération morale & politique. On a donc fait une nouvelle division de l'année; mais cette opération a été l'objet d'un travail particulier, & en lui-même assez considérable.

Il a fallu ensuite combiner dans toutes les branches de la législation, tous les moyens d'accorder nos habitudes & nos mœurs, soit avec le nouveau calendrier, que nous regardons avec raison comme un point capital, soit avec les autres principes sur lesquels doit être fondée la constitution de notre République.

Parmi les articles mêmes que vous avez discutés les deux jours précédens, celui qui défend les significations les jours de décadi se classe naturellement parmi les lois sur la procédure civile; celui qui suspend les exécutions criminelles aux mêmes jours, appartient au code criminel. Ainsi les dispositions que vous croirez devoir adopter sur les formules des lettres-de-change & des billets de commerce, se placeront, suivant les liaisons des habitudes & des idées, parmi les lois sur les transactions commerciales.

Ceux qui trouvent qu'il y auroit beaucoup de dispositions à ajouter à l'article que nous discutons aujourd'hui sur la célébration des mariages, ont raison, & je suis parfaitement de leur avis. Il faudra nécessairement revêtir d'un costume remarquable & imposant les ministres des lois qui présideront à ces cérémonies; mais dès qu'on s'occupera de cet objet, il faudra bien en même temps ordonner le costume de tous les autres magistrats, & de tous les hommes publics qui devront composer le cortège de toutes nos fêtes nationales. Vous voyez déja que cette seule matière se présente d'abord avec une assez grande étendue.

Pour la seule célébration des mariages même, dont nous nous occupons, il faudra pourvoir aux dispositions d'un local convenable, aux formules uniformes, & à tous les genres d'apprêts qui paroîtront nécessaires, afin de rappeler par le témoignage de tous les sens, aux parties intéressées, la nature de leurs engagemens, aux magistrats la grandeur de leurs fonctions, & au peuple entier le respect du contrat dont il devra être témoin ; mais ces dispositions, ainsi que celles qui concernent d'autres parties de la morale publique, se rattachent malheureusement au domaine de nos finances ; & vous comprenez, à ce seul mot, combien cette partie de notre travail se trouve obstruée de difficultés dans le moment actuel.

J'ai voulu seulement, par cette énumération imparfaite, vous faire sentir que le systême complet de nos institutions républicaines ne peut être traité comme un sujet isolé & unique, encore que toutes les parties de ce systême doivent avoir une frappante unité dans leurs résultats. Un tel ouvrage ne peut être ni celui d'un seul jour, ni celui d'un seul jet. Nous l'avons assez éprouvé : plus un projet est étendu, plus il produit de diversités dans les opinions, plus il éprouve de difficultés dans sa rédaction. Un seul article défectueux échappé à un zèle impatient peut obliger l'autre Conseil à rejeter une résolution, d'ailleurs urgente & salutaire. Dans notre assemblée même, la discussion se complique, les idées s'accumulent, les propositions additionnelles se croisent, l'esprit est sujet à divaguer, lorsqu'on lui présente trop d'articles à saisir dans ces matières importantes, où les votans peuvent ne pas voir tous les objets du même point de vue ; & le bien public s'éloigne, quand l'ardeur de trop faire à-la-fois expose un travail à subir plusieurs refontes, ou à échouer contre des impossibilités d'exécution. La sagesse consiste bien à conserver un même esprit, & à voir de loin le but où l'on veut tendre ; mais le genre de courage le plus héroïque est de maîtriser sa propre ardeur, afin de régler toujours sa marche sur la mesure de ses moyens. L'expérience du passé nous atteste que toutes celles de nos institutions qui se trouvent éparses, & dans la constitution, & dans les parties de nos différentes lois, n'existeroient pas encore, si l'on eût tenu à la fausse gloire de ne les introduire que toutes ensemble, & de n'en vouloir établir aucune qu'avec toutes les dépendances d'un plan intégral.

Je conclus donc que nous devons adopter, tel qu'il est, un projet dont la simplicité ne m'empêche pas de sentir l'importance, sauf à le compléter ensuite par les additions qui paroîtront essentielles à sa perfection.

J'ai aussi écouté attentivement les discours de ceux qui ont prétendu qu'un intervalle de neuf jours entre ceux exclusivement destinés aux célébrations des mariages, pouvoir nuire à des personnes pressées par des raisons de voyages, ou par des desirs impétueux.

Cette objection particulière nous remet directement sous les yeux une des parties les plus déplorables de nos mœurs, puisqu'elle nous rappelle qu'en effet on a vu traiter ce grand acte de la vie humaine comme une chose subordonnée aux affaires les plus ordinaires; ou qu'on a pu regarder comme un droit inhérent à l'homme, la faculté de le contracter par surprise, ou de s'y engager sans réflexion. Voilà, certes, une des sources les plus profondes des désordres privés qui peuvent affliger l'état social; & puisqu'on demande avec une si parfaite unanimité que nous corrigions les mœurs, on sera moins étonné de nous voir attaquer des abus si propres à les corrompre, & régler avec une attention particulière les formes d'une union qui tient une place si éminente dans le systême de la morale.

Le mariage est du droit naturel; & considéré dans cette abstraction, il n'est que l'union intime & volontaire de deux personnes de différens sexes. Mais dans l'état social, le mariage s'étend à bien d'autres conséquences; & l'on n'a jamais nié que les formes de cette union n'appartinssent essentiellement à la loi civile, parce que c'est la loi civile qui soutient de toute sa puissance les droits respectifs des époux, qui donne l'état aux enfans, & qui détermine les rapports de la famille avec tous les autres membres de la société.

Que les parties contractantes jugent à propos d'ajouter aux formes légales de leur union des rites de quelque culte religieux, suivant leurs opinions individuelles, ces particularités ne nous regardent point.

Je suis pourtant obligé de vous faire remarquer une singulière contradiction entre la doctrine des prêtres du culte romain, & les préjugés qu'ils avoient généralement accrédités au sujet du mariage.

Tandis que la multitude dirigée par eux, s'étoit généralement persuadée que la formation du mariage même consistoit dans la bénédiction du prêtre, leur théologie reconnoissoit comme nous, que le mariage étoit entièrement du droit naturel & du droit civil. Tous nos livres de *droit canonique* les plus incontestablement *orthodoxes* posent unanimement ces principes comme les théologiens, en observant avec ceux-ci, que la bénédiction de l'église n'est qu'un accessoire, qui n'entre point dans l'essence du mariage. C'est parce que les théologiens catholiques n'avoient pu méconnoître cette vérité, qu'ils reconnoissoient eux-mêmes la validité des mariages des Indiens, des Chinois, des Turcs & des individus appartenant aux nations *protestantes* de l'Europe, quoique contractés sans l'intervention de l'église.

Il n'est donc pas de principe mieux établi que celui qui attribue à la puissance législative le droit de prescrire les formes de l'union conjugale, & de déterminer des conditions convenables à l'ordre public, dont les contractans ne pourroient s'écarter sans être justement privés des bienfaits de la loi civile.

La plus essentielle de ces conditions est sans contredit la publicité du mariage, & le ministère d'un magistrat, qui constate la vérité du contrat.

Remarquez encore que sous notre ancien gouvernement, tout à la-fois civil & sacerdotal, les ministres du seul culte exclusif remplissoient, à l'égard du mariage & de plusieurs autres actes, deux ministères très-distincts, celui de prêtres, & celui de magistrats civils. A l'un de ces titres appartenoit celle de leurs fonctions qui étoit purement mystique; mais la loi civile leur déléguoit aussi alors ses pouvoirs pour donner sa sanction au contrat. Sous ce rapport, elle les avoit institués de véritables officiers civils, dont les fonctions étoient très-différentes de celles du sacerdoce, encore que les unes & les autres se trouvassent exercées par eux. Telle étoit une vérité reconnue long-temps avant la révolution.

Mais cette cumulation de fonctions laissoit toujours la multitude moins frappée de l'autorité de la loi civile, dont elle ne trouvoit aucune image dans ces circonstances, que du règne visible des prêtres: & ceux-ci plus occupés de la conservation de leur empire que des convenances sociales, s'attachoient beaucoup moins à donner aux mariages une solemnité nécessaire, qu'à faire sentir à ceux qui les contractoient, toute l'étendue de leur domination. On se rappelle le peu de considération accordée par eux à l'union conjugale, qu'ils plaçoient, parmi les différens états de la vie humaine, fort au-dessous du célibat. Si d'un côté ils en gênoient la célébration d'une manière humiliante, en excluant de leurs nombreuses fêtes, & de leurs longues solemnités religieuses durant des saisons presque entières, cet acte respectable & touchant; de l'autre, ils en permettoient aussi légèrement des célébrations clandestines, pendant la nuit, dans des lieux ignorés, & dans des maisons particulières. On voyoit, dans ces cas assez fréquens, l'ordre public & la dignité du mariage sacrifiés aux fantaisies du crédit, de l'opulence ou d'un faux orgueil; tandis que le clergé, par la présence toujours indispensable de son ministre, n'en remplissoit pas moins les esprits de l'idée de son importance, & ne perdoit rien de son pouvoir.

Vous sentez maintenant, représentans du peuple, comment, après avoir restitué à la loi civile des objets qu'elle avoit droit de revendiquer, il reste à la législature à donner toute la publicité & tout l'éclat convenables à l'acte dont il s'agit. Il ne faut pas que le magistrat qui unit au nom de la loi les époux, puisse rapporter à lui seul comme un droit honorifique, ou comme une marque de son pouvoir, le besoin qu'on a de sa présence ; il ne faut pas non plus qu'il ait la faculté de supprimer des formes, ni d'en donner arbitrairement dispense, ni de les appliquer indifféremment à toute heure sans décence & sans appareil : mais il faut au contraire, qu'un concours bien ordonné de circonstances & d'objets imprime à ce genre de fonctions le caractère le plus imposant ; & ce seroit bien peu connoître notre sujet, que de ne pas concevoir comment ce caractère peut dépendre du choix des lieux & des jours, & de celui des magistrats.

On vous propose d'attribuer aux magistrats municipaux des cantons la célébration des mariages, qui s'effectue actuellement devant un simple agent de commune. Ce changement est dans les convenances, puisque ces administrateurs municipaux tiennt un rang plus élevé dans la hiérarchie civile ; leur magistrature a plus de rapports & d'éclat que celle d'un agent isolé. On doit croire aussi que leurs actes auront plus de régularité, parce que leur administration collective doit naturellement réunir plus de lumières & de moyens. Vous avez vu dans le compte rendu par un ex-ministre en cette année même, qu'il avoit été obligé de charger ces administrations municipales de surveiller & de diriger spécialement les agens de commune, relativement à la tenue des registres des actes civils (1). Les faits d'une conséquence grave que cet ex-administrateur expose, prouvent la nécessité d'une telle translation d'attributions.

A cette proposition, l'on ajoute celle de ne célébrer les

(1) Compte rendu par le citoyen Benezech, ventôse an 6.

mariages que les jours de décadi. On pense que le concours qu'attirent ordinairement ces cérémonies, & le spectacle attachant des familles qui vont s'allier, doivent être des moyens aussi simples qu'efficaces d'animer dignement nos fêtes républicaines instituées dans ces jours. Ne sont-ce pas en effet des scènes capables d'intéresser sensiblement des individus rassemblés, que l'attendrissement des mères, la douce hilarité des vieillards, & l'alégresse unanime d'un cortège de parens & d'amis, qui partagent d'avance le bonheur que vont se promettre des époux? Si nous considérons les spectateurs; nous n'imaginons pas qu'on puisse présenter à leur vue des objets plus aimables, ni des troupes détachées d'acteurs qui s'ordonnent mieux d'elles-mêmes; & si nous considérons les personnes qui doivent ainsi s'unir, en présence d'une nombreuse assemblée, dont elles fixent tous les regards, dans le lieu principal de la contrée où siégent les corps de magistrats, en un jour universellement célébré dans toute la République, nous trouvons dans cette institution tout ce qu'une loi humaine peut faire pour remplir leur imagination d'un grand acte, & leur laisser de grands souvenirs.

Mais vous allez sentir encore combien l'examen des objections même qui ont été faites contre ce projet donne de consistance & de vérité à ces réflexions.

On craint que l'obligation de remettre aux seuls jours de décadi toutes les célébrations des mariages ne nuise à des personnes qui seroient pressées de s'unir dans les jours intermédiaires; soit par des raisons d'affaires ou de voyages, soit par d'autres motifs. On ajoute que l'éloignement possible du chef-lieu de canton pourroit être tel qu'il exposât les contractans à de trop grandes difficultés.

Je réponds, sur la première de ces deux objections, que les décadis reviennent tous les dix jours. Or oseroit-on citer quelque projet de mariage, formé par la sagesse & la bonne foi, que nous devons en bonne morale desirer voir présider à ces unions, qui ne puisse pas admettre un délai si peu considérable? Quel est donc l'homme sensible, qui se disposant à devenir époux & chef de famille, & rempli, comme il doit l'être, de ce grand événement de sa vie, ne subordonne pas, au moins pendant quelques jours, des plans de voyages, ou d'autres affaires personnelles, & son empressement même, aux préparatifs de devoir, de décence, & de divers genres qui lui sont nécessaires.

Si dans d'autres circonstances, quelques obstacles passagers se rencontrent avec le décadi le plus proche, il ne s'agit que de remettre au décadi suivant. On ne voit point là de délais plus longs que ceux qu'entraînent pour le moins les dispositions des mariages les plus ordinaires, & les arrangemens particuliers dont les familles ont le plus communément besoin dans ces occasions. Lorsque les lois ne peuvent se concilier avec tous les desirs individuels, on a tout lieu de croire néanmoins qu'elles n'ont rien de choquant, si elles s'accordent avec les actions les plus habituelles, & sur-tout avec les usages les plus honnêtes. Qu'on nous dise lequel de ces deux partis doit être le plus utile aux bonnes mœurs, ou de laisser aux insensés & aux trompeurs toutes les facilités de nouer & de terminer aussi précipitamment des mariages qu'on le fait dans nos pièces de théâtre; ou d'assujettir ces contrats à des solemnités qui, sous le rapport des délais, n'excèdent pas, à beaucoup près, le temps que jugent indispensable pour elles-mêmes toutes les personnes qui respectent un tel acte, & qui ont de pures intentions. Quelques caprices de la légèreté, des intérêts de quelques passions viles, & un petit nombre d'exemples bizarres, ne peuvent être des raisons dans une matière d'une importance aussi générale. La loi qui assure l'état des enfans & des époux, & qui doit tout à la morale publique, ne fait qu'exercer ici le plus légitime pouvoir. Elle ordonne ses formes & règle les fonctions de ses ministres, pour le plus grand bien de la société : & plus on croiroit défendre, contre l'institution qu'on vous propose, des hypothèses qui ne présentent le plus souvent que des abus & des désordres, plus on mettroit en évidence la nécessité de les réprimer.

L'objection tirée de l'éloignement des chefs-lieux de canton concerne les habitans des campagnes, & seulement ceux d'entr'eux qui se trouvent aux extrémités les plus lointaines des circonférences. Mais le même inconvénient existe actuellement, jusqu'à un certain point, à l'égard de plusieurs chefs-lieux de communes, comme il existoit autrefois à l'égard de plusieurs paroisses, sans avoir jamais été un obstacle aux mariages, ni au concours de ceux qui se rendent ordinairement d'assez loin pour assister aux célébrations. La différence pour les cas extrêmes, ne peut être que de quelque distance de plus, qui n'excède pas la mesure des forces humaines, sur-tout pour des personnes plus exercées à la marche dans toutes les saisons, que les habitans des villes. On croira sans peine que les gens aisés ne manqueront pas de moyens de transport ; & pour les autres, qui ne sait pas que la réunion de secours & de soins obligeans que produit dans les campagnes l'événement d'une noce, y assure sans frais les mêmes ressources au petit nombre de personnes délicates ?

Mais d'ailleurs, si l'on songe que le mariage ne doit point être une affaire ordinaire, ni que les mêmes individus soient supposés devoir renouveler fréquemment, on sentira que tout ce qui peut contribuer à en faire une époque de leur vie plus remarquable, ne peut manquer d'être en soi-même un bien. Sans recourir aux exemples des peuples anciens, je me contenterai de vous rappeler qu'il existe dans les mœurs de tous les peuples simples qui ont quelque civilisation, & notamment dans presque toutes nos campagnes, des usages relativement aux mariages, dont, à la vérité, je ne vous proposerai pas les diverses bizarreries comme des règles à ériger en lois ; mais qui prouvent tous comment le bon sens le plus universel a, de tout temps, jugé convenable de rendre l'union conjugale plus chère aux époux, par quelques préalables un peu pénibles, & d'un plus grand appareil.

Il ne faut qu'observer les effets de certaines impressions sur l'ame, pour comprendre les avantages de leur coincidence avec un sentiment dont on desire perpétuer la durée. Tout ce qui peut agrandir & multiplier les scènes auxquelles se lie l'approche de la jouissance, contribue pour la plupart des hommes, à leur en faire estimer plus long-temps l'objet. Loin donc de trouver des inconvéniens dans le surcroît d'apprêts, de mouvement & de fracas que doit entraîner une marche un peu plus longue, on devroit plutôt desirer que tous les actes de ce genre fussent marqués par des particularités aussi mémorables, afin de laisser dans les imaginations des traces plus profondes, qui renforceroient les liens des cœurs par la grandeur des souvenirs.

Un de nos collègues, qui vous a exposé avant moi toutes les conséquences salutaires qu'on devoit attendre des deux principales dispositions que nous discutons, n'a pas omis de vous observer que de telles institutions, devant inspirer aux époux mêmes plus de respect pour leur union, pouvoient prévenir très-souvent des divorces. Supposez, en effet, que dans quelques-uns de ces momens fâcheux qui peuvent affliger des ménages, un époux songeât à user de cette triste faculté ; croyez-vous que sa compagne, & ses amis, & sa propre mémoire, ne tireroient pas des détails pénétrans de leur première journée les plus éloquentes objections ? « Comment oser rompre des nœuds qui furent
» formés avec tant de pompe, & recherchés avec de si
» grands préparatifs ? Tout le pays en fut témoin. On vit
» sur les passages, à différentes distances, l'empressement
» des époux allant chercher au loin l'autel de la patrie ;
» leur alégresse à leur retour, leur sympathie touchante,

» le spectacle de leur bonheur, embellissoient une fête de » tous les citoyens réunis. Le même jour étoit dans la » République une solemnité universelle. Dans quel lieu » de la contrée la séparation aura-t-elle moins d'éclat » que l'union n'en a eu? Où fuir le cri de l'indignation » générale? où éviter le reproche de troubler la société par » ce projet lugubre de braver l'estime publique, & le » malheur de paroître au moins inconstant, insociable, » peut-être injuste & cruel »? Citoyens législateurs, beaucoup d'humains sont foibles; mais heureusement peu sont capables, dans un état de choses ordinaire, de soutenir les combats que leur livre leur raison, quand elle est appuyée par une réunion de circonstances qui rendent la honte du scandale plus difficile à supporter.

Il ne me reste plus qu'à rassurer ceux qui ont craint confusément que le nombre des actes de mariage remis à chaque décadi, n'excédât le temps physiquement nécessaire pour leur expédition. J'ouvre un ouvrage sur la population de la France, du citoyen Moheau, imprimé en 1778; j'y vois dans un tableau des naissances, mariages, &c. de la ville de Paris, que les mariages montoient, année commune, dans cette immense cité, à 4,758: c'étoit alors le temps où la population de Paris étoit à son *maximum*. Cette commune est maintenant divisée en douze arrondissemens; le nombre de 4,758 mariages, divisé par douze, donne 396 (en laissant les fractions) pour chaque arrondissement qui a sa municipalité. L'année a trente-six décadis; 396 mariages par chaque arrondissement, divisés par trente-six, donnent onze mariages pour chaque décadi, dans la cité la plus peuplée comparativement; en supposant que chaque acte prît un quart-d'heure, le magistrat pourroit en expédier douze depuis neuf heures jusqu'à midi. Mais il seroit possible d'abréger encore de beaucoup la durée de ces actes, en donnant aux municipalités des registres remplis de formules imprimées, où l'on n'auroit à écrire rien que les dates & les noms.

Un autre article du projet porte que « le Directoire exé-
» cutif prendra les mesures nécessaires pour établir dans
» chaque chef-lieu de canton des jeux & exercices gym-
» nastiques, le jour de la réunion décadaire des ci-
» toyens. »

J'opposerai les réflexions que j'ai faites ci-dessus à ceux qui voudroient renvoyer cette mesure au temps très-indéfini, où l'on pourra lui donner une précision actuellement impossible, & y ajouter des accessoires dont la seule énumération a dû nous effrayer. Comment songer à établir dans toutes nos campagnes, des amphithéâtres, des portiques, des lieux ouverts pour les jeux des citoyens, & des instructeurs pour tous leurs exercices? De tels projets iroient nécessairement se perdre, avec tant d'autres, dans le vague de l'immensité. Ne nous occupons que de ce qui est possible, & ne laissons pas tout dans le néant, pour ne vouloir rien que de gigantesque ou de chimériquement parfait. Les habitudes qui naissent des situations locales, & les dispositions naturelles des différentes contrées, varient infiniment les convenances & les goûts. Ici, ce sera l'exercice de la course; là, celui de la fronde; ailleurs, celui de l'arc; des joutes sur l'eau, auprès des lacs & des rivières; qui trouveront la jeunesse toute formée pour ces jeux, & qui conviendront spécialement aux mœurs des habitans. La danse est en usage dans toutes les parties de la France; on verra si les évolutions militaires devront avoir leur place à toutes les fêtes décadaires, à mesure que les circonstances feront naître des moyens d'exécution.

Tout ce que nous pouvons faire à présent, est d'engager les administrations à animer, à encourager ces exercices agréables & salutaires, conformément aux diverses localités, & à y mettre le plus d'ordre possible suivant l'étendue de leurs moyens. On sent que ces objets de détails & de convenances très-variés, doivent être laissés à la direction du gouvernement, qui ne pourra que suivre pied à pied le chemin que nous lui traçons par une disposition générale.

Je conclus que le projet doit être adopté.

DE L'IMPRIMERIE NATIONALE.
Thermidor an 6.

www.ingramcontent.com/pod-product-compliance
Lightning Source LLC
LaVergne TN
LVHW010218230826
846091LV00008BB/3565

* 9 7 8 2 0 1 6 1 9 3 1 2 9 *